JN410995

시의 소중함을 아는

님께 드립니다!!

하얀 눈꽃은 겨울의 편지를 남긴다

지은이 유봉기

펴낸이 김용태 | **펴낸곳** 이룸나무

편집장 김유미 | **편집** 김지현

마케팅 출판마케팅센터 | **디자인** 플랜A

초판 1쇄 인쇄일 2017년 12월 20일

초판 1쇄 발행일 2018년 1월 10일

주소 410-828 경기도 고양시 일산동구 산두로 265-17(정발산동)

전화 031-919-2508 **마케팅** 031-943-1656 **팩시밀리** 031-919-2509

E-mail iroomnamu@naver.com

출판 신고 제 2015-000016 (2009년 9월 16일)

가격 10,000원

ISBN 978-89-98790-52-3 03810

하얀 눈꽃은 겨울의 편지를 남긴다

유봉기 시집

이룸나무

시인의 말

—

—

—

—

—

별을 좋아하고,
첫눈을 좋아한다.
유년시절의 추억을 쫓아 긴 여행을 떠난 소년은
유난히 겨울에 대한 추억이 많다.
돌아보면 그 계절 속에 많은 그림들이 펼쳐진다.

2018년 1월

유봉기

Contents

1부 》 펜 한 자루로 시작되는 스케치

2부 》 내 마음을 읽는 편지 한 통

Contents

3부 》 하늘 우체국에 소원을 담아 보낸다

4부 》 계절은 돌고 돌아 다시 제자리로

1부

펜 한 자루로 시작되는 스케치

색종이

하루는
햇살이 떠올라야 시작이듯
당신의 따스한 햇살 받으며
힘찬 발걸음 내딛습니다

도화지는
색깔이 묻어나야 살아나듯
당신이라는 사랑으로
날마다 채색되어 갑니다

하늘은
구름이 묻어나야 아름답듯
당신의 파란 하늘 그림으로
언제나 수놓습니다

도넛은
설탕이 묻어나야 제맛이듯
당신이라는 향기 나는 커피와 함께 맛을 봅니다

삶은 인생의 소중한 오늘로 출발하듯
당신과 함께 손을 잡고
아침 산책길을 걷습니다

향기

내 안에 들어온
당신의 향기

바람은 눈을 감고
기억을 붙잡는다

화려하지 않지만
가장 순수하기에

은은한 기억의 거울
잔향으로 남는다

호수 위의 달빛
시간과 땅에
스며들수록

영롱한 빛 묻어나는
순수한 정화의 시간
백 리를 지나
천 리를 넘어
만 리까지 퍼져간다

겨울, 그 편지 너머로

빨간 우체통 하얀 털모자
누군가 다가오는 소리
뽀드득뽀드득
하얀 발자국을 따라
겨울의 문을 열고 찾아온
바람의 에튀드

하얀 세상 창밖으로
바람을 따라 날리는 눈송이
함박눈이 쏟아지는 거리마다
웃음꽃 활짝 피어난다

밤새 몰래 다녀간
다람쥐 우체부 아저씨
모두가 잠든 행복한 시간의 종점
조용히 걸음을 되돌릴 때
별이 내려와 친구로 남아주네
곁에 머무른다 시간 가는 줄 모른 채로
세 개의 계절 문을 열고
또다시 꺼내는 겨울의 마법

하늘이 그리워서
간절함이 피워낸 꽃
하얀 눈꽃은 겨울의 편지를 남긴다

• • •
옛 동산

어린 시절
키가 작은 꼬마 친구들
함께 뒹굴고 뛰놀던 동산은
언제나 오르기 쉽고
항상 친구와 같던 언덕길

시원한 바람 불면
너나 나나 할 것 없이
언덕 봉우리에 올라
팔베개하고 나란히 누워 하늘을 본다

하늘 동물원 속에
토끼 구름과 나비 구름의 숨바꼭질
하나둘씩 찾아보는 보물찾기 놀이
제트기가 수놓은 하얀 빨랫줄
나의 꿈도 너의 꿈도 매달려있다

추운 겨울
하얀 눈이 내리는 날엔
환호성 치며 썰매를 탄다

이리저리 엉덩방아 찧으면서도
뭐가 그리 즐거운지 쉼 없이 달리다 보면
머리에서 신발 끝까지
온통 하얗게 설탕 범벅이 된다

많은 세월이 흘렀음에도
그 모습 변함없는 채로
추억은 내 머리 위로 하얗게 앉았네

길은 어디에

가던 길 어딘가
바람에 이끌려
가만히 멈추어 서게 하고

달려온 길 어딘가
추억에 붙잡혔던 꿈
다시금 뒤돌아보게 한다

뛰던 길 어딘가
구름에 가려 숨어있던 석양은
그 무엇을 향해 달려가고 있는지

오르막길 어딘가
숨 가쁘게 뛰는 심장 속으로
앞만 보며 달렸던 시간의 의미를 찾는다

뚝방길 어딘가
시간과 공간의 흔적을 뛰어넘은
지난날의 어린 나의 모습을 찾고

인생길 어딘가
꿈을 꾸고 그렸던 그림들
두 손 모아 기도했던 바람을 생각한다

그 겨울에 난

그 겨울 풍경이 그립습니다
포근한 목도리와 따뜻한 장갑을 끼고
사랑하는 사람과 정감 어린 향기가 나는
눈이 오는 길을 걸을 때가 생각납니다

그 겨울 바다가 그립습니다
매서운 칼바람 맞으면서도 나란히 길을 걸었던
너무 추워 서로의 두 손을 꼭 잡고
떠오르는 일출을 바라보면서
해변의 길 위에 함께 서 있던 날이 떠오릅니다

그 겨울 노래가 그립습니다
외로운 겨울나무에 앉아 위로의 노래를 부르면
부는 바람에 얼음이 녹듯이
조용히 잠을 깨던 산골짜기에도
어느덧 사랑이 찾아오는 봄소식이 들려옵니다

그 겨울 고백이 그립습니다
하얀 눈이 내리는 골목길 조명 아래 서면
언제쯤 올지 모르는 당신을
애타게 기다리던 그날의 나에겐
아직도 못다 한 고백의 추억이 서려 있습니다

아직도 난, 그 겨울에 살아가고 있습니다

흔적을 따라 걷는 길

우거진 숲속 길
아무도 밟지 않는 그 길을 따라
맨 처음 걸었던 나만의 발자국

나뭇잎 사이로 파고드는
희미한 햇살에 비친 먼지 조각은
어릴 적 어느 가을날의 기억입니다

수평선 위로 올라오는 추억
어린 왕자가 된 나의 동심 세계
그 기억의 어깨 위로 햇살과 함께 누워봅니다

처음 약속한 곳으로
나를 데리고 걸어가는 길은
내 그림자가 비치는 길입니다

조금만 고개를 돌려봐도
시간은 자꾸만 나를 밀어냅니다
흔들리는 물결처럼 나의 하루도 조금씩 흔들립니다

사랑하는 것은 절대 지치지 않는다

바람에 잘려나간 나뭇가지의 상흔
버드나무 고목에 꽃이 필 때쯤이면
관심 어린 눈빛은 너에게 이끌린다

내 마음 너에게 닿은 이유는
손짓으로 나를 부르는 외침이기에
나를 끌어당기는 너의 중력에 빨려간다

눈이 멀어 보이지 않아도
마음만은 네게서 떠날 수 없기에
사랑하는 그것을 절대 놓치지 않는다

무엇을 바라기보다
어떤 대가를 원하기보다
사랑하기에 난 그 일에 지치지 않는다

지금은 보잘것없는
실수와 어리숙한 모습투성이지만
그래도 난 그것을 사랑한다

널 찾으러 마중 나가던 날

비가 오는 날에

비가 오는 아침
추적추적 내리는 빗소리에
조용히 귀 기울이면
당신의 발자국 소리가 들려오네요

저 가을 골목길을 돌아
반가이 찾아왔던
당신 심장 소리가
성큼성큼 내게로 들려오네요

어느 날부턴가 골목 어귀에 앉아
나에게 찾아올 당신의 편지를
손꼽아 기다리는 나의 마음입니다

언제 오실련지
알 수는 없지만
비가 오는 날이면
당신을 기다리게 됩니다

비가 오는 날에

그리움이라 쓰고 사랑이라 부른다

기억의 햇살은 오늘도 떠올라
계절의 틈 사이로 내려앉고
추억의 날들은 헤어 나올 수 없는
소용돌이 속으로 빨려간다

그리움은 왜 자꾸만 높아만 가는 건지
손톱처럼 매일 자라고 또 자라난다

잘라내는 만큼 더욱 사라질 줄 알았지만
결국엔 그 그리움은 나에게로 와서 내 사랑이 되어버린다

어떤 날은 황홀한 노을처럼
은은한 빛으로 떠올라 나를 마비시키고
어떤 날은 눈부신 보랏빛처럼
곱게 물들인 채로 내 심장을 얼룩지게 하네

더욱 깊이 잠재울수록
커져만 가는 그 마음
그리움이라 쓰고 사랑이라 부른다

내 손에 닿은 미소

말로 다 할 수 없는
그 어떤 한순간도
쉽게 지나칠 수 없는
기나긴 하루를 건넌다

한 줄기 빛이 다가와
나를 비추어주는 순간
나를 웃게 하는 미소는
그분의 사랑이라오

신선한 감사의 바람은
절망의 구름을 없애버리고
아름다운 선물로 찾아와
나를 웃게 만드네

웃음으로 시작된 하루
마치 거울을 들여다보듯이
만나는 사람들은
활짝 웃는 미소를 나에게 보낸다

내 손에 닿은 기적
내 이름의 또 다른 명함
미소는 사랑을 낳고
미소는 기적을 만든다

끝은 항상 새로운 시작이다

어디가 시작이고
어디가 끝인지
산 아래도 시작이고
산꼭대기도 시작이다

발자국에 더해진 거친 숨소리
무거운 발걸음 옮겨
지상의 봉우리에 다다른다

정상에 올라서면
더 이상 나아갈 수 없다
끝이라고 느낀다

더 이상 갈 수도 없는 곳
정말 끝이라고 말할 수 있는가
끝은 또 다른 시작
다시금 내려와야 한다

정상은 끝이 아니다
마지막은 언제나 새로운 시작을 알린다
죽음도 시작이고
아픔도 시작이다
정상은 항상 시작이다

가까이

닿을 듯 말 듯
내 손에 그 사랑
온기가 내려앉는다

알듯 모를 듯
내 맘에 아련한
불을 지펴냅니다

코끝에 와 닿은
귀한 향기처럼
은근하고 그윽하기만 하네

조금만 더 가까이
내게로 다가와 주길
왔다가 사라지는 계절 겨울인지 봄인지

한 걸음
내딛는 발걸음마다
모든 것이 내게로 가까워진다

수화기 너머로
듣고 싶은 목소리
너의 음성이 밀려온다

봄, 더욱 가까이 다가오고 있음을

한 줄기 강물이 되리

물안개 피는 강가에 아침이 핀다
일출에 강한 빛으로 눈 부신 햇살 받으며
종일토록 기억이 머물던 하루는
노을빛에 물든 그리움처럼
발그레 달아오르는 강이 된다

쉼 없이 부딪히는 하얀 물보라
강물이 바다를 향해 몸을 누이듯이
삶의 긴 여정은 바람 한 줄기 되어 강물에 띄운다

강물이 하늘빛에 물들어 갈 때
하늘은 강물이 되어 흐르고
나 또한 강물이 되어 흘러가네

마음이 머물던 그곳
강물은 바다를 포기하지 않은 채
그 끝을 향해 흘러가듯
나도 바다를 향해 흐르는 한 줄기 강물이 되리

바람이 되어

저 하늘 밑
어딘가에 숨어있을 듯
세월 건너 이별의 징검다리 건너
바람이 불어와 내 기억의 문을 두드린다

외로운 밤
눈에 보이지 않은 채
숨어서 몸부림치는 흔들리는 세상 속
처음부터 하늘과 땅으로 나뉜 바람이려나

눈가의 추억
어지러운 세상 끝에서
수줍은 마음 감추고 싶은 비밀의 창고
숨겨온 말 한마디 못 하고 깊은 눈물을 머금는다

하늘 끝까지
시선 하나 머무는 곳에
파도야 나를 따라 떠나볼까
바람의 다리를 지나 그리움의 시소를 타고서

못다 쓴 겨울 편지

스산한 바람이 부는
차가워진 계절이 다가오면
말로는 다 못했던
아직도 못다 쓴 겨울 편지

간절했던 바람도
모두 지나쳐버린 겨울 문 앞에
먼 길 떠났던 널 그리며
텅 빈 하늘에 안부를 물어본다

말도 못 하고 떠났던
그대 가는 길가에 조용히 앉아
하얀 눈 위에 흔적 남은
아쉬움의 발자국을 바라본다

마음에 새긴 그대의 미소
잊은 줄 알았는데 생각나는 이유
겨울은 또다시 나에게
기나긴 그리움을 가르쳐 줍니다

사랑 내려온다

사랑은 눈썰매를 타고
이 땅 위에 하얀 눈송이로 내려와
사람들에게 평화로 다가온다

사랑은 높은 계곡을 타고
이 땅 위에 바람으로 내려와
사람들에게 시원함으로 다가온다

사랑은 하늘의 구름을 타고
이 땅 위에 푸른 물결로 내려와
사람들에게 바다로 다가온다

사랑은 인간의 이성을 넘어
이 땅 위에 신비로움으로 내려와
사람들에게 기적으로 다가온다

사랑은 은하수 오토바이를 타고
이 땅 위에 별빛 정원으로 내려와
사람들에게 친구로 다가온다

눈이 녹고 그대가 돌아오면

겨울비 속에 피어났네
활짝 웃는 미소
햇살 속에 가려진 그리움이
살며시 떠오른다
눈이 녹고 그대가 돌아오면

마음의 기지개를 펴다
겨울의 끝인지 봄의 시작인지
따뜻한 바람도 살랑살랑
왔다 갔다 움직이는 내 마음
눈이 녹고 그대가 돌아오면

귓가에 들려온다
사랑 노래 지저귀는 새 소리
얼어붙은 저 강 아래에서도
사랑 물고기 헤엄친다
눈이 녹고 그대가 돌아오면

사랑이 다가온다
겨울이 녹아 봄이 되듯이
시간이 멈춘 듯한 골짜기에도
그대가 돌아오면 꽃이 핀다
눈이 녹고 그대가 돌아오면

그리움, 그 지독한 습관

그림자
너의 모습 위로 드리운
이별과 사랑의 경계선
그 가운데 너머로 고스란히 담긴 흔적

꿈속 길
하얀 침대 위에 누워 숨을 쉰다
눈빛에 내리는 그리움
말 못 한 내 심정은 답답한 새벽녘이네

그리움
그 지독한 습관에 갇힌 채
오늘도 벗어나지 못한 나

기억의 오감은 살아 숨을 쉬고
고쳐지지 않는 고질병처럼 깊어가듯
감정의 소용돌이 속으로 자꾸만 파고든다

갈림길

꿈속 길

어딘가 홀로 서 있다

갈 바를 알지 못하지만

결국엔 선택이라는 주사위를 힘껏 던진다

사랑은 눈에 보이지 않는다

사랑이 피었던 자리
어디였나 더듬어 보지만
만질 수 없는 것
사랑은 눈에 보이지 않는다

코끝에 피어오르는 향기
나의 시선을 이끌고
나의 마음을 훔쳐 가지만
붙잡으려 해도 손에 잡히지 않는다

들려오는 소리
오른편인지 아니면 왼편인지
나의 발걸음을 옮겨보지만
그렇게 보고 싶어도 보이지 않는다

더욱 느려지는 시간
기억은 널 놓지 않고
자꾸 멀게만 느껴지지만
그래도 사랑은 멈추지 않는다

사랑은 눈에 보이지 않는다

미소

눈으로 웃어보고
입으로 웃어보고
마음으로 웃는다

오솔길 위에 피어나는 꽃들
수줍은 듯 고갤 숙이며 미소 짓는다

눈을 열고서
입을 열고서
마음을 활짝 연다

하늘을 바라보는 해바라기 꽃
마음을 활짝 열고 나를 품어준다

미소가 너무 예뻐
미소가 너무 착해
미소가 너무 밝아 좋다

은근히 피어오르는 미소
가장 둥글고 아름다운 대화는 미소다

눈물

맑은 눈망울
가식 없는 눈빛
영롱한 진주
진심을 담은 그릇

맑고 투명한
신비한 결정체
순수한 바다에서
흐르는 물줄기

아이의 눈빛 속에
진심 어린 마음이 보인다
눈물은 나에게
거울이 되고 창이 된다

눈물은 나를
맑게 해준다 밝게 해준다
행복하게 그리고 새롭게 한다

누군가 나의 이름을

누군가
나의 이름
불러줄 때
나는 가장 행복하다

누군가
나의 맘을
좋아해 줄 때
나는 가장 셀레인다

누군가
나의 존재를
만나줄 때
나는 가장 의미 있다

누군가
나의 영혼
안아줄 때
나는 가장 평안하다

그 누군가가 지금 내 앞에 다가온다

눈사람

하얀 그리움이 내리는 거리
작은 바람이 점점 커져가듯이
소복이 쌓인 눈길 위로
처음 고백을 담아 놓습니다

눈 내리는 풍경
새하얀 이 길을 처음 걸을 때
나와 손잡고 걸었던 눈사람
깊고 긴 겨울의 시작을 알립니다

하얗게 눈부신 그대는
순결한 눈을 가진 눈사람
겨울이 찾아오면
내 마음도 하얗게 쌓여갑니다

하늘에서 내려온
내 꿈속에 찾아온 사랑은
나를 만나기 위해
하얀 미소로 다가와 내 손에 앉습니다

2부

내 마음을 읽는 편지 한 통

이름 모를 꽃으로 피어나다

하얀 꽃 한 송이
녹슨 철모 속에 피었네
어디서 본 듯한 꽃인데
이름을 몰라 알 수 없네

세상에 이름 없는 꽃이
어디 있을까
세상에 이름 모를 사람이
어디 있겠는가

그 이름을 찾을 수 없고
그 주인을 찾을 수 없지만
녹슨 철모 속에
한 송이 꽃으로 피어났네

잊혀진 이름
잊혀진 의미
더 이상 너는 이름 없는 꽃이 아니다

꽃, 나에게 가까이 다가온다
나는 너의 이름을 불러준다

마음 스케치

그대를 그릴수록

마음에 스며드는 얼굴이 있네

무의식 속에 자리 잡은 외딴 섬 한가운데

거센 파도가 지울 수 없는 그대를 써본다

그리워하는 시간처럼

마음은 바다처럼

영원히 마르지 않는다

Raindrop

바람의
기억을 품은
시린 그리움의 눈물

흐려진
이별을 안고
고요하게 스며든다

후회는
언어가 되고
언어는 빗줄기 된다

꿈의 세계에서
내려온다
하늘 두고 내려온다

가면

가면 속에서 나오지 않는다

울고 있는지
웃고 있는지

아무도 모르게 숨기고 있지만
너의 한숨 소리가 내 귀에 들려온다

머물 곳 없고
헤어 나올 수 없는 사각의 링 속에 갇혀
아무도 믿지 않는 너의 두려움에 빠져든다

벗겨 주고 싶다
어설픈 연기로 세상을 속이는
가면을 벗겨 주고 싶다

네 안의 너를 끄집어내고 싶다

바다로 보낸 편지

멀어질까 봐
두려울까 봐
머나먼 바다에 편지를 보낸다

내 인생을 바꾼
한 통의 편지
사랑을 싣고 떠나간다

당신을 사랑하는 내 마음
당신은 알 수 있을 것입니다

어떻게 생각할지
무슨 일이 일어날지도
나에게 어떤 변화가 있다 해도

언젠가 당신에게 돌아가게 될
병 속의 편지를 담아 보냅니다

그리움 담아 사랑을 담아
마침내 안식의 항구에 도착하게 될
그날을 그립니다

창가에 기대어 하늘을 보네

한 방울 두 방울
떨어지는 너의 눈물
하늘은 너를 사랑해서 눈물을 흘린다

너무도 태연한 척
아무렇지도 않은 듯
가녀린 빗줄기에
내가 그린 그림은 지워져 가네

얼마나 더 남아 있을까
좀 더 기억하고 싶지만
점점 작아지는 그 이유
이별의 순간은 아플 수밖에 없다

가슴이 먹먹해지는 순간
내 눈물은 사랑을 타고 흐른다

먼발치에서

먼발치에서
당신의 눈빛을 보았습니다

가까이 다가설 수 없었던
나의 발걸음을 뒤로하고
시간의 초침을 꼭 붙잡은 채
가만히 멈추어 섭니다

그저 저 멀리 계시는 당신을 향해
나의 눈빛은 끊임없이 바라볼 뿐입니다

먼발치에서
당신의 마음을 보았습니다

애타게 기다리던
간절한 그리움의 눈망울
먼 하늘을 향해 야속한 눈물만 흐를 뿐
약속할 수 없는 이별의 아쉬움은
잠시뿐일 거라는 기대를 낳게 합니다

세월의 거품 모두 사라지면
비로소 당신의 마음을 향해 가는 길이 열리겠지요

이 밤이 지나면
몹시도 그리워하던
당신의 아침은 밝아오겠죠
아쉽지만 먼발치에서 당신을 보고 돌아옵니다

가을의 소원을 품고

떨어진 낙엽
나뭇잎 사이마다
나의 시선을 멈추게 하는 사연

북쪽에서부터 시작된 단풍
남쪽을 향해 천천히 스며든다

눈부신 눈물 머금고
초록을 지나 황금빛으로 기울어진 그림자
땅바닥을 가득 채운다

석양이 기울면
마지막 한 줌의 햇살까지
온몸으로 빨아들인다

눈부신 억새 은빛으로 피어올라
또 다른 계절의 방문을 열고
불쑥불쑥 파고들어 온다

한 번쯤
붉은 열망처럼 삶을 살아가는 것
간절히 바라고 싶은 것은
누구에게나 같은 것이다

흔적

갈대 사이로
불어오던 너의 바람
뒹굴던 낙엽도
내 곁으로 다가와
가을 문턱에 들어선다
구름은 수없이 흘러가도
하늘은 제자리에 선다
너 떠나고 흐릿해진 두 눈에
켜켜이 쌓아 두었던 그림자
가슴 한 켠에 숨겨둔다

분다

바람이 분다
강물이 흐른다
하늘이 열린다

바람이 춤춘다
강물이 춤춘다
하늘이 춤춘다

바람이 노래한다
강물이 노래한다
하늘이 노래한다

바람
강물
하늘

삶의 미소

담장 밑으로 고갤 내미는 꽃 한 송이
쑥스러운 듯 얼굴은 붉은 홍조 띠고
환한 웃음으로 기웃거리는 미소속에는
긴 여름을 지나 가을의 꽃을 피우는 이유라네

마당엔 새끼 고양이 네 마리
뒹굴뒹굴거리며 장난치는 모습
낯선 이방인을 발견하고서 움츠러든다
동그란 눈을 크게 뜨며 나를 보며 하는 말
처음 본 당신은 누구신가요

먼 길 찾아온 고향의 회귀
긴 여행에 지쳤음에도 반갑게 맞는다
오손도손 내 손을 붙잡는 꼬마 조막손들
꼬마 손님들의 따뜻한 미소가 날 웃게 한다

긴 밤을 지난 새벽녘 쏟아지는 빗소리
너무 반가워 미소가 번져 내려온다
저마다 웃는 모습이 다르지만
삶의 미소는 어제와 다르게 오늘도 번져간다

길

길
하나가 아닌
수없이 지나쳐 온
꼬불꼬불 길을 지나

햇살도
소나기도
인생도 그 길을 지난다

그리움 따라
풍경도 만나고
추억을 따라
사람을 만난다

무엇이 그토록
내 발걸음을 이끄는지
나는 매일
마음의 길을 걷는다

마음의 쉼표

지칠 줄 모르는
강한 바람이 되어
하늘로부터 쏟아붓는 분노
왜 그리 화가 났는지
무엇이 그리 급했는지
지상으로 쏜살같이 내려온다

빗줄기 타고 내려오는
격렬한 질주의 몸부림은
영혼에 불어오는 회오리가 되어
주절주절 나를 감싸 안고
나와 함께 울어준다

한참 동안 주저앉아 있을 때
저 언덕 위에 걸쳐진 먹구름
그 속을 뚫고 나온 한 줄기 빛은
붉은 심장이 되어
여덟 번째 문을 연다

지구라는 행성
시간이 멈추어 선 곳
타박타박 걷는 길 위에
내 마음의 쉼표를 찍는다
걷고 또 걷는 발걸음 위에

시선

행복하게 웃을 땐
알지 못했네
작은 것 하나에도
감사할 수 있다는 의미를
소중하다는 것들을
항상 잘 간직해야 하는데
흘러가는 강물에
소리 없이 흘려보낼 때가 많았다

가고 싶은 곳을
마음껏 다닐 때에는
그냥 지나쳤네
항상 나를 바라봐 주는 눈빛인데
난 너에게
단 한 번도 눈길을 주지 못했지
늘 곁에 있으니
그저 모르고 지나칠 때가 많았다

인생은 이렇게
시간이 지난 뒤에야 알게 되는가
조금만 먼저 알게 되면 좋으련만
그래서인지
인생은 살아봐야
비로소 그 답을 찾나 보구나

디딤돌

걷다 보면
나의 발에 걸리는 돌부리가 있다
뜻하지 않은 인생의 순간
초대받지 않은 손님과 사투를 벌인다
나의 집 담을 넘어와 작은 행복을 훔쳐 간다

나에게 덮쳐오는 검은 그림자
가면을 쓰고 다가온다
때론 불행도 내 편에 설 때가 있다
이것마저도 내 인생에 필요하기에
잠시 거쳐 가는 길 중의 하나이다

살다 보면
인연이라는 실타래 속에
얽히고설킨 채 웃다가 울다가
또 울다가 웃기를 반복한다
한바탕 소동 같은 인생을 덤덤하게 그린다

쇠백로 한 마리
제멋대로 날뛰는 바람의 기류에
휘청거리며 추락할 때도 있지만

차가운 바닥을 딛고서
힘찬 날갯짓으로 창공 위를 날아오른다

주문을 걸어본다
걸림돌아 고임돌이 되어 디딤돌로 변해주렴
지금은 어둡고 캄캄한 길이지만
그 시간이 빨리 지나쳐가길 원한다
그래도 여전히 걸림돌은
내가 딛고 가야 할 또 하나의 디딤돌이다

존재의 그늘

눈먼 하루
창밖으로 내려온
눈물이 머문 자리
바람은 불어와
추억으로 젖어버린다

이별로 사라진
긴 침묵의 끝에
새장 속에 갇힌 몸부림은
집착의 틀을 만들고
투명한 굵을 줄로 나를 가둔다

몇 번을 뿌리쳐도
몇 날 밤을 지새워도
눈물은 맘을 훔치고 안개처럼 사라진다

한 점 방울로 남은 빗물
그늘진 곳에 자라난다

하나의 의미

작은 손짓 하나
작은 몸짓 하나
그리운 눈빛 하나
내 숨결 하나
너에게 시선을 고정하네

나비의 작은 날갯짓
소리 없는 바람을 일으키고
피어나는 꽃잎 하나
계절을 움직이게 하네

작은 심장 소리
봄의 움츠렸던 어깨를 두드린다

내 혈관 속을 타고 흐르는 것은
피가 아니라 너의 눈물이다

어느새 내게 스며들어와
살며시 젖어 드는 사람
온몸으로 빠르게 번져간다

기억을 따라 걷는 길

길 위의 친구
돌담길을 돌아
방금 그린듯한 화살표
이정표를 따라 걷다

굽이굽이 언덕
가파른 계단 골목길
비를 피해 쉬어가던
버스 정류장 추억

구름이 예쁜
노을 복숭아 따라
빛바랜 흑백앨범
풍경 속을 더듬는다

길어진 그림자 밟고
기억 속의 철길 따라
녹이 슬고 반쯤 풀린
추억의 역사가 있는 곳

강을 따라 걷는
기억여행자
발걸음을 멈추게 한
낭만 한 조각

기억은 얼마만큼
너를 알고 있을지
변한 것보다
변하지 않은 너의 계절

선인장

가시를 세워
강한 척하게 보여도
너의 마음은
여리다는 걸

뒤돌아선 차가움도
하나의 위장이라는
너의 비밀스러운 표정

머리에 꽃을 피우고
온몸에는 가시밭길
오랜 시간 살기 위해 버텨 온 사실

충분히 알아갈수록 더 많이 사랑할수록
마음에 상처가 커져간다는 것도

가까이 다가설수록
너의 가시에
나의 심장은 찔리지만
오랜 시간 새길수록
그윽한 향기가 짙어간다

너에게 닻을 내린다

흔들리는 억새
바람 따라 강물 따라
흘러가는 대로
지금 이대로 시작인 거야

떨어지는 낙엽
내게 말을 한다
단 한 번도
바람은 널 원망하지 않아

내 마음 너에게
추억으로 묶어 놓을 수 있다면
그 바람이 멈추는 날
너에게 난 닻을 내린다

계절과 나누는 하루 얘기

햇살 머금은 창가에 앉아
계절과 따뜻한 커피 한 잔 나누네
지나온 시간을 돌아보며 계절은 말을 건넨다

따스한 봄의 옷으로 나른한 하루 맞이하고
시원한 여름옷으로 개운한 하루 정리한다
산뜻한 가을옷으로 즐거운 하루 보내고
두꺼운 겨울옷으로 추운 하루를 맞이하길

노을 지는 강가에 앉아
계절과 시원한 바람을 맞네
삶의 언저리마다 피어나는 아름다운 계절 꽃을 가리킨다

봄에 피는 꽃은 인생의 시작
여름에 피는 꽃은 인생의 젊음
가을에 피는 꽃은 인생의 절정
겨울에 피는 꽃은 인생의 기적이라고
내 인생의 계절은 어디쯤 와 있는 걸까

인생에도 계절의 단계가 있듯이
기쁨을 지나 희망을 바라보고
열정을 지나 사랑의 결실을 맺고
성실을 지나 인생의 반환점을 돌고 있는
고독의 친구를 벗 삼아
마지막 감사의 계절의 코스를 완주할 수 있도록
나는 계절에게 부탁한다

꽃이 진다고 기억은 잊은 적 없다

웃고 있는 너
눈 부신 햇살 받으며
이름 모를 풀잎에 맺힌 이슬로
활짝 피워 줄 거라
굳게 믿었다

밤새 흐른다
잠자던 바람을 잠재울 수 없어
바닥에 뒹굴어 버린 채
정적을 깨뜨리는
잔인한 삭풍 매섭게 몰아친다

단 한 번도
피워 보지 못한 꽃망울
검붉은 피가 거꾸로 솟아오르고
생각지 못한 지독한 절망감으로
끊임없이 빨려 들어간다

꽃이 진다
흩어져 버린 세월 속으로
바람결에 멀리 날아가

숨어버린 슬픈 달처럼
구름 낀 하늘로 흘러간다

피멍이 들어
갈기갈기 찢긴 가슴에도
꽃이 진다고
세월이 진다고
기억은 결코 널 잊은 적 없다

계절의 독백

어디가 끝인지
삶은 또 다른 이별의 이유
하루도 쉬지 않는다
낙엽은 공허한 잿빛으로 남는다

낯선 이방인
초라한 걸인도 아닌
계절의 사절단으로
매년 찾아오는 손님

바람은
귓가를 스치며 말을 걸어온다
내 기억을 하얗게 채우고
나풀거리던 옷깃에
숨겨진 지난날의 흔적들을 찾아
그곳으로 나를 이끈다

보이지 않는 그 무언가
나를 이끌고 또다시 걷게 한다
고독의 숲으로

• • •

사랑은 바람이 되어

어디론가 숨어버렸을까
비를 안고 구름 뒤로 선 채
은은한 그리움으로
바람은 계절을 싣고 불어오네

태양을 향해
고갤 드는 해바라기와
바람을 따라
춤을 추는 코스모스는
먼 길을 돌아 찾아온다

내 마음 한편의 기억 한 줌
바람을 볼 줄 아는 눈과
바람을 들을 수 있는 귀가 될 때
사랑은 바람 되어 내게로 속삭인다

그댈 찾아 돌아갈께요
그대가 손짓하는 곳으로
하늘이 나를 데려가네요
사랑은 바람이 되어

그리움은 먼 곳에

손에 닿을 듯
먼 곳에 있는 그 아쉬움
혼자서 되돌아오던
어두운 골목길을 돌아
텅 빈 거리에 앉는다

기억할 수 있을까
말하지 못한 그 약속은
너무 그리워 눈물 흐르고
그리움은 초라함으로
떨어지는 꽃이 된다

그리움이 닿는다
들리지 않는 먼 곳에
보이지 않는 먼 곳에
널 두고 떠나온 그 자리
노랗게 빛바랜 추억이 된다

그리움이 머문 자리
바람이 지나가고
강물이 흘러가도
내 마음은 너에게 날아간다
여전히 눈 감아도 아득히 먼 곳이라

3부

하늘 우체국에 소원을 담아 보낸다

오솔길

조그마한 숲
개울을 지나
솔 향기 그윽한
오솔길을 걷는다

눈 부신 태양 아래
햇살은 나를 감싸고
지나가는 바람 소리
귓가에 속삭인다

걷다가 지치면
잠시 쉬기도 하고
뛰다가 힘들면
그루터기에 앉아
세상을 품는다

말없이 나를 품고
어디론가 나를 데려간다
조용히 말을 걸어오는 소리

산모퉁이

산모퉁이 돌아서면
어딘가에서 불쑥 튀어 나올듯한
계절의 파수꾼은
내 심장을 빼앗아 간다

내 눈을 현혹시킨 채
온통 붉은 옷으로 위장하고
눈부신 가을 햇살은
나의 눈을 멀게 한다

고독이 몸부림칠 때
홀로 걸어온 먼 길
외롭지 않게 걸어왔다
늘 익숙한 길이기에

풀지 못한 숙제
아직도 이별하지 못한 채
떨어지는 낙엽 사이로
그리움만 쌓여간다

한 그루의 나무처럼

아득한 시간의 강을 건너
어두운 역사의 불빛들을 지나온다
해가 떠오르지 않는 새벽녘

긴 시간을 살아간다는 것
저마다 향기를 돋우고
오롯이 자신의 길을 걸어왔다

그 오랜 세월,
모든 것을 지켜보면서
묵묵히 거목이 되어
그 자리에 우뚝 서 있는 이유이다

백 년을 살아온 주목
죽어서도 천년의 목재로 남아
저마다 하나의 사연을 담고
제각각 솟아오르는 시간의 깊이를 담는다

나는 어떠한가?

백 년도 다 살지 못하면서
천년의 근심을 안고
인생의 소용돌이 속에서 빠져나오지 못하며
오늘을 살아가고 있구나

버텨야 하고
견뎌내야 한다
그리고 이겨내야 한다
언젠가 뒷모습이 아름다워 보일 수 있도록

밤하늘의 별이 되고 싶다

나는 문득
밤하늘의
별이 되고 싶다

누군가 길을 잃을 때
하늘의 중심이 되어
외롭지 않게 길을 알려주는 별

고요하고 어두울수록
더욱 밝게 빛나는
마음의 평온을 찾게 해주는
하늘의 별

아름답고 슬프지만
비밀 이야기가 담겨 있는
신비한 보석 상자

하루에 한 바퀴씩
돌고 돌아
항상 제자리에 맴도는
나만의 별이 되고 싶다

바람

저 하늘 밑
어딘가에 숨어있을 듯
세월을 건너 이별의 징검다리를 건너
기억의 문을 두드린 바람

외로운 밤
눈에 보이지 않은 채
숨어서 몸부림치는 흔들리는 세상 속에
처음부터 하늘과 땅으로 나뉜 바람이려나

눈가의 추억
어지러운 세상 끝에서
수줍은 마음 감추고 싶은 비밀의 창고
숨겨온 한마디 깊은 눈물을 뱉는다

하늘 끝까지
시선 하나 머무는 곳에
파도야 나를 따라 떠나볼까
바람의 다리를 지나
그리움의 시소를 타고서

솔베이지의 노래

그대에게 가는 길
너무 힘들고 먼 길이기에
끝없이 걸어가도 항상 제자리만 맴돈다
네게 갈 수 없고 너를 차마 볼 수 없는
꿈도 희망도 빼앗긴 채
절망만이 나를 짓누른다
떨어진 낙엽 스산한 거리
그리움이 찾아올 골목 어귀에 앉아
멀어져 가는 너의 뒷모습을 바라보며
간절한 바람은 사랑의 썰물 되어 출렁인다

머나먼 바다 건너에 있을
너의 영혼을 기다리네
해가 뜨고 지고 달이 지는 무수한 하루
계절을 지나치는 속절없는 시간들
기다림의 세월과 외로움으로 아파진다
천년을 기다려온 해바라기 사랑은
백발이 되어 버린 여인의 순정으로 남아
봄을 지나 이제는 차가워진 겨울이 다가와도
사랑했던 기억은 그대로이기에
돌아올 그대를 믿으며 기다린다

그림자놀이

이해할 수 없는 흑백의 노래
공간 속에 또 다른 세상

손가락이 춤추는 순간
마법 같은 영화가 펼쳐진다

여우가 되고 새가 되고
토끼도 강아지도 튀어나온다

옥상 달빛 아래에서
술래가 되어버린 친구들

너도 밟고 나도 밟고
그림자를 쫓아간다

걸어가도 내게로 오고
뛰어가도 날 쫓아온다

꾸미지 않은 그림자에
추억을 되새겨 본다

개미의 냄새길

뜨거운
사막에 햇님을
길 인도 삼고

어두운
밤하늘 별님을
나침반 삼는다

힘들면
손을 잡아주어
다시 걷게 하고

지치면
허리를 잡아
꼬옥 일으켜준다

자 힘을 내
어기 영차 외치며
용기를 북돋운다

친구와 함께
냄새길 따라
오늘도 행복 운반하네

그리움이라는 물감

세상에서 가장 행복한 기다림
그건 바로 사랑의 기다림이다

기나긴 기다림은 비가 되고
기나긴 그리움은 눈이 된다

기나긴 기다림은 꽃이 되고
기나긴 그리움은 열매 된다

기다림은 별보다 반짝이고
그리움은 태양보다 눈 부시다

오늘도 그리움이라는 물감으로
행복을 그리는 멋진 화가를 꿈꾼다

몰라 3년, 알아 3년, 썩어 3년

알지 못한 육체의 질병
알고 있지만 어쩔 수 없는 병
이제는 너무 커져 버려 손댈 수 없는 병

역사의 뒤안길, 짙은 그림자
외딴섬에 갇힌 가슴 앓는 벙어리
그렇게 가슴 아픈 소금의 눈물을 삼킨다

아무 이유 없이 아무 잘못 없이
그저 남들과 다르다는 이유 하나로
세상과 분리되어 버린 채 외딴섬에 갇힌다

처음엔 알지 못한 채 두려웠지만
알고 있어도 어쩔 수 없는 안타까움
이제는 썩어가는 나의 몸을 지켜볼 뿐이다

사람들의 질시와 따가운 눈총
처음부터 그들과 다를 게 없었던 모습
하지만 곁에 있는 동무가 위로의 손길 되어준다

소통

소통은 편지지와 같다
편지 봉투에 마음을 담아본다
그리움을 담아 보내는 진실의 보석상자

소통은 예금통장과 같다
이해의 은행 창구에 존중을 입금하면
사랑과 배려의 이자가 붙는 높은 수익률 재테크

소통은 라디오와 같다
시끄러운 잡음과 혼잡스러운 소음을 없애고
상대방의 주파수에 내 마음을 맞추는 것

소통은 음악과 같다
사랑하고 그리워하고 나는 너를 노래하는
위로와 포옹 그리고 대화의 하모니

소통은 오케스트라와 같다
나눔의 현악기와 베풂의 관악기의 조화
한음 한음 더해지는 불멸의 교향곡

서른의 강을 지나, 여기까지

돌아보면
홀로 걸어온 흔적은
나에게 더 없는 모험이었다

어떻게 지나야 하는지
어떻게 건너야 하는지
어느 누구도 그 답을 알려주지 않았다

지나온 인생 뒤로
수없이 많은 강을 건넜다
그때마다 최선을 다한 선택이 필요했을 뿐이다

강, 서른 살의 디딤돌
하나씩 건널 때마다 난 무척이나 두려웠다

어떤 생각으로 여기까지 왔는지

그 시간의 강 앞에 다시 선다면
난 어떤 결정을 다시 하였을지 몹시도 궁금해진다
그 결과가 나에게 어떤 의미들로 남아 있을지를

여행에도 인연이 있다

만나는 사람이라고 모두 인연은 아니다
다시 보고 싶고 다시 그리워지는 사람
가는 정이 있고 오는 정이 있는 사람
좋은 인연이란 아주 우연히 만들어지는 것이다

사람도 VIP와 같은 사람이 있다
가까이하는 자체만으로도 품격이 다르다
항상 가까이 있다고 해서 모두 친근하지는 않다
비록 몸은 멀리 있지만 마음은 항상 가깝다

떠나는 여행이라고 모두 기억나지 않는다
그냥 스쳐 지나가는 여행도 수없이 많지만
평생토록 잊지 못하는 설레이는 여행이 있듯이
다시 가보고 싶은 여행에도 인연이 있다

여행이 맺어준 인연은 너무도 신비롭다
인생은 끊임없는 간이역을 지나며 추억을 담는다
여행에서 느끼는 행복감은 삶의 마중물이 된다
마음을 힐링하는 여행은 평생 좋은 인연이 된다

낯선 여행지를 처음 밟는 느낌은 선명하게 남는다
기억에 남는 여행과 기억에 남는 인연이 있다
코끝에 향기로 그곳의 냄새는 항상 떠오른다
낡은 배낭을 메고 걸어본다 여행에도 인연이 있다

외로움도 나의 벗

채워지지 않은 공간
그리움의 무게를 잴 수 없듯이
외로움의 담은 자꾸만 높아만 간다

누군가와 함께 있지만 사람은 늘 외롭구나
신이 동행하는 그 길에서도 인간은 외롭게 서 있다
마치 곡예 위에서 홀로 외줄 타기를 한다

밤하늘에 빛나는 별일수록
잡고 싶은 마음이 점점 커져가지만
그 간격은 자꾸만 채울 수가 없다

깊은 고독을 지나칠 때마다
감당할 수 없다고 나를 버려두지도 않는다
다시금 돌아볼 수 있는
시간의 계단에 앉아 나를 새긴다

다행인 건 나만 외로운 것이 아니다
혼자 있는 사람도
같이 있는 사람도
모두 외로움을 통해 배워간다

아직도 두 발로 서있는 이유는 외로움이 나의 친구이니까

떨림

봄을 건져 올리는 바다

펄떡이는 생각의 물고기

그 눈빛과 마주할 때

손끝에 전해지는 떨림

내 심장에 전해오네

리모컨

사랑이라는 버튼을 누르면
원망 섞인 짜증을 부리던 엄마의 얼굴도
환하게 웃는 얼굴로 변한다

희망이라는 버튼을 누르면
불행의 원인이라는 판도라의 상자도
소원이 담긴 상자로 변한다

격려의 버튼을 누르면
엄청난 피곤이 몰려오는 순간에도
따뜻한 말 한마디에 큰 위로가 된다

감사라는 버튼을 누르면
절망의 순간에도 기적을 노래할 수 있는
신비스러운 감동의 무대가 펼쳐진다

인생의 리모컨에는 수많은 버튼이 있다
행복을 누를 것인가 불행을 누를 것인가
나의 작은 선택에도 나의 미래가 결정된다

선율

언제였을까
나지막이 들려오던
귓가에 맴도는 노랫소리

적막을 뚫고
공기를 타고서
나의 볼에 스치는 너의 감정의 온도

처음 당신이
나에게만 불러주었던
세상에 하나밖에 없던 선율

수제 초콜릿처럼
입안에 퍼지는 순간
진한 감동으로 나를 어루만지네

잊혀지지 않은 기억은
내 마음속에 오래도록 기억된다

바람의 노래

따뜻한 봄이 되면 찾아오는 샛바람
저 멀리 언덕을 넘어 코끝을 스치듯이
잔잔하게 내 볼을 감싸며 불어옵니다

넘실대는 파도를 넘어 불어오는 마파람
갈매기가 노래하듯 시원한 휘파람 불며
뜨거운 내 맘을 팥빙수처럼 녹여줍니다

깊은 가을밤 서쪽에서 불어오는 하늬바람
고추잠자리 바람을 타고 하늘을 날며 춤추듯
영혼은 자유롭게 푸른 하늘 높이 높이 날으네

기나긴 겨울 차갑게 불어오는 된바람
빙하의 정점에 서서 마음과 몸을 단련하듯
새로운 봄을 향해 기다림의 끝에서 노래하네

여행

삶은 여행으로 시작하는 첫 출발지
태어나는 순간 세상으로의 출발이다

한 발자국 두 발자국
걷는 발걸음 위에
지나온 나의 흔적이 쌓인다

인생이란 커튼이 올라가면
그 위에 주인공으로 오롯이 서 있는 나

깊은 고독과
외로운 광야라는 숲으로
끊임없이 달려간다

한평생을 살아가는데
빈 몸으로 왔다가
또다시 빈 몸으로 돌아간다
여행은 늘 이렇게 소박해야 재미가 있다

아직도
인생을 잘 모른다
삶의 여행길
어떻게 펼쳐질지 어떻게 흘러갈지

시간을 밟다

낙엽을 밟으며 가을을 느낀다
깊어가는 만추의 계절
아쉬움 가득 남아 마지막 붓질로 그림을 그린다
하늘이 가장 잘 보이는 곳
가을이 깊어가고 겨울로 다가설수록
개울의 물빛은 진한 청색으로 짙어진다

그림자를 밟고 세월을 보낸다
인생이 지나가는 골목 모퉁이를 돌아
꿈결 같은 사랑의 정류장을 지나쳐간다
바다가 가장 잘 보이는 곳
흘러가는 석양의 모습을 뒤로한 채
깊은 바다는 더욱 에메랄드빛으로 물든다

시간을 밟고 인생을 보낸다
밤이 지나 아침이 오듯 밝은 여명을 돌아
의미 있는 만남을 통해 어느덧 내 맘 깊어간다
바람이 잘 보이는 곳
손끝으로 느끼는 삶의 흔적을 찾아
바램과 소망으로 깊은 밤 그리움으로 물든다

하늘 물방울

회색빛
비에 젖은 구름
하늘에 머물기가 아쉬워
세상에 내려오는 친구

뿌연 안개
사이사이로
하늘의 향기를 가지고 내려와
지면 위에 닿는 순간

손을 놓으며
흩어져지고 흩어진다
또르르 떨어지는 물방울
어딘가로 부는 바람에 날린다

초록빛 비가
작은 개울을 지나
머나먼 여행을 한다
하루쯤 쉬어가도 좋으련만

처음이었기에

처음 빚어낼 때는
투박한 사발 모양처럼
표현이 거칠어도 이해해주었다

좀 더 세련되지 못한
촌스러움이 흘렀어도
서툴렀던 나의 몸짓을 그대로 받아주었다

그 시절 나는 좀 더 솔직해야만 했다

절박한 감정
눈빛으로 연기하는 심정
작은 무대 위에 올라섰던 단역배우처럼
나의 작은 읊조림은 시작되었다

누구보다도 떨렸던 마음을 안고서
한 발 두 발 내딛다 보니
지금의 여기까지 왔다

누구에게나 처음이 있었기에
지금의 모습을 담아낼 수 있다
사람들 마음에
작은 감동을 줄 수 있었던 것은
열정을 품었던 처음이었기에 가능했다

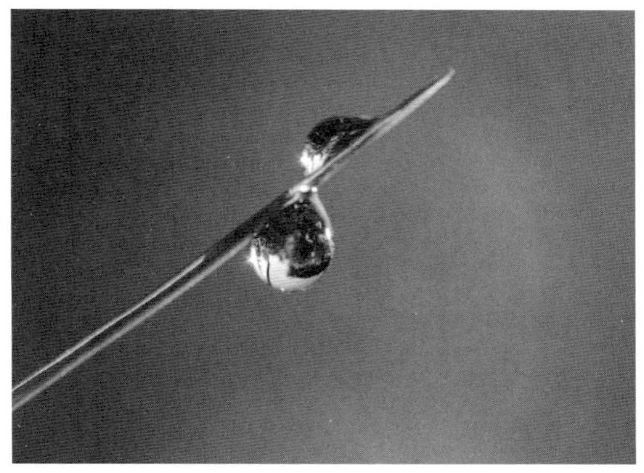

구름 산책

흰 구름 가득 덮인
잿빛 하늘에 그린 미소
대 자연의 마법사가 빚은 선물

설레는 마음 몰래 다가와
사랑을 담아 놓은 하늘 그릇
구름 위를 뒹구는 하얀 양 떼를 쫓네

구름 사이를 걷는 신부
하얀 면사포 쓰고서
새하얀 어깨 위로 살포시 내려앉는다

자유로운 영혼의 날개
하늘 끝 눈 부신 햇살 받으며
구름 위에 편히 누워 잠잔다

봄의 소리

아침 새

부르는 노래

봄을 여는 창문을 통해

내 안의 행복의 볼륨을 높여

봄의 소리를 듣다

지난날

무지개 언덕 저 멀리 어딘가
우리가 찾고 찾았던 그 길
찬란한 아침 태양을 보며
지나온 시간 그려본다

빛바랜 사진 지난 추억들 속에
꿈을 찾아 달려온 너와 나
어느덧 달라진 우리의 모습은
아이가 아닌 한 사람의 어른이 되었네

모두 변해 버릴 것 같은 세상인데
그래도 여전히 젊은 날의 초상으로 남고
다시 만날 수 없는 지난날은
영원한 기억이요 지울 수 없는 향수라네

나의 하루 나지막한 어깨 너머로
내일의 태양이 다시 떠오르네
꿈에라도 잊지 못할 희망의 선율
오늘은 내게 손짓하네 친구로 말야

우정이라는 캔버스
사랑이라는 붓을 들고
그리움과 어울림이 더해져
하나의 그림이 완성이 된다네

시간은 여전히 멈추지 않네
흘러가는 물처럼 바람처럼
나에게 손짓해 달려오라고
나에게 말을 해 보고 싶다고

힘겨웠던 나의 발걸음
또다시 내딛고 다시 걷게 되네
그래 한번 살아 보겠노라고
그래 한번 뛰어 보겠노라고

모래시계처럼 되돌리고 싶은
그때가 있었기에 지금이 존재하는가 보다
다시 찾을 수 없는 추억 그때의 모습 사랑스럽네

별이 밝은 저 은하수 건너에
하늘 높이 솟구치는 우리의 지난날의 꿈
나를 깨우고 너를 일으켜주는 힘이 되어
우정의 어깨를 힘차게 붙잡고 서네

세상의 문 앞에 쓰러지지 않을 만큼
걸림돌이 아닌 힘찬 디딤돌 되어
내가 택한 길을 더욱 굳세게 하네
다가올 내일에 대한 책임은 나이기에

네가 있기에 내가 존재하듯
너로 인해 난 충분히 행복하니까

4부

계절은 돌고 돌아 다시 제자리로

산들바람

너의 존재
있는 듯 없는
부드러운 미풍 같은
바람이 쓰는 편지

따뜻한 봄의 온기
온몸에 느껴지는 사랑
봄의 꽃잎을 하나둘씩 끌어당긴다

어기영차, 어기영차
하늘의 중력과
대지의 중력의 줄다리기

누가 이기려는지
흔들리듯 흔들리지 않게
끌려갈 것인가, 이끌 것인가

숨결이 바람 될 때
그리움의 무게가 나를 짓누르고
하염없이 꽃비 되어 내리는 봄바람 스치운다

어쩌면

어쩌면
겨울은 가을의 문 앞에서
가슴을 조아리며 그렇게 기다렸는지 몰라

어쩌면
넌 항상 내 뒤에 숨어있는
그림자처럼 늘 곁에 있는 친구처럼 말야

어쩌면
기억의 스케치 몰래 안고서
놓지 않으려는 안타까움을 뒤로한 채로

어쩌면
아름다운 날과 놀라운 일들이
나에게로 다가오는 최고의 초대장처럼

어쩌면
사랑했던 기억과 그리웠던 순간이
이제는 눈앞에 다가오는 현실의 손길이기에

외로운 계절 하나

저 멀리
강기슭을 지나 거슬러오는
외로운 계절 하나

어디선가 불어오는
바람의 소리를 따라
나의 발자국을 옮겨본다

휑한 들판에
오롯이 피어있는 코스모스
이정표 없이 이리저리 흔들리지만
불어오는 바람을 거스르지 않는다

가을이라는 각막에 비쳐오는 건
시간이라는 그림자 길게 늘어져 가고
언덕길을 따라 가을 하늘이 투영된다

순간의 익숙한 바람
미세한 나의 감각들을 곤두세우고
가을바람 속 변곡점에 이른다

계절이 시작되는 곳

한 지붕 두 계절
태양이 그랬듯 스치는 바람이 그랬다
계절은 밤바다로부터 밀려온다

하늘이 걸어서 내려올 때면
마음의 그림자 드리운다
국경의 외로움은 겨울의 음모
어둠이 낮게 깔린다

겨울은 반항의 계절
같은 시간을 살 수는 없듯
공존의 계절은 말한다

빗속을 걸을 때나 노을 속을 걸을 때
사랑이라는 감정의 사계 춤을 춘다

내게 닿는 시선
강을 따라 그림자 따라 계절은 시작된다

첫눈처럼

차가운 하늘
눈물로 얼어버린 채

안개인지, 구름인지
소리 없이
밤새 내린 사랑의 열병

그대는 어느 날
하얀 첫눈처럼 내려앉는다

계절의 선물 같은 행복은
내 품 안에 들어온다

당신의 기억 속의 나는 아직도 사랑입니까

내 마음에 쌓였다가
흔적 없이 사라진다 해도
그 기다림 끝에 서 있겠습니다

별

너의 이름은 밤하늘 은하수

어느 화가가 그려 놓은 하늘의 별

깜빡거리는 별빛이 나에게 윙크를 한다

외로워서였을까

그리워서였을까

그렇게 그리움이 지면 별이 뜬다

그 사람이 곧 별이다

겨울 자작나무 숲으로

겨울이 오면
자작나무 숲은
여러 갈래로 길은 만든다

눈이 시리도록
하얀 줄기에 하얀빛으로 바뀌어가듯
겨울도 소리를 내는 하얀 설원

겨울동화 이야기처럼
수천 개의 하얀 기둥으로 뻗어 올라
나무 위로 사다리를 만들어
자꾸만 하늘로 올라가는 길

사계절이 모두 아름답지만
겨울이 더 아름답게 빛나는 이유는
하얀 눈밭 위로 하얀 나무가 줄지어 함성을 지르기 때문이다

바람에 달랑대는 잎이 떨어진 겨울엔
하얀 피부를 드러내듯
나의 속사람을 볼 수 있는 그곳으로 향한다

한 번쯤 가고 싶은 곳
손짓하는 겨울바람을 쫓아
눈이 오는 길을 걸어보곤 한다

나는 당신이 참 좋습니다

당신을 만난 오늘은 참 좋은 하루였습니다

우연히 스치는 많은 인연 속에
그냥 흘러 지나칠 수 있었음에도
각자의 길을 걷는 삶이 일렬로 겹쳐지는 숲
당신과 나는
똑같은 시간 똑같은 장소에 머물고 있습니다

당신을 만난 오늘은 참 행복한 하루였습니다

참 특별한 하루였던 날
하루가 다르게 날이 따뜻해지고
하루가 다르게 꽃망울이 피어나던 날,
당신이 마음이 따뜻해서인지
봄이 내 곁에 다가온 듯한 날입니다

당신을 만난 오늘은 가장 큰 행운이었습니다

홀로 긴 밤 지새우며 아침을 맞이하는 순간
당신이 나의 마음속으로 들어오던 날
차가운 바람을 지나 마침내 등불이 켜진 오두막집
당신은 나에게
한 줄기 빛이 되어 사랑으로 피어나는 것입니다

나는 당신이 참 좋습니다

바람과 함께 춤을

바람이 불면
나무는 몸부림친다
오른쪽으로 춤을 추고
왼쪽으로 춤을 춘다

위로 한번
고개를 젖히고
큰 원을 그리며
두 팔을 벌려 기지개를 편다

그래도 나무가 꺾이지 않는 이유는
나무는 바람 앞에
순응할 줄 알기 때문이다

그냥 자연스럽게
바람이 원하는 방향대로
춤을 추면 되는데 말이다

사실 바람은 누군가를 꺾으려고
다가오는 것이 아니라
같이 춤을 추고 싶어서 찾아오는 것이다

추억으로 너를 묶는다

삶이란 그런 거야
시간과 공간 사이사이에
동행이란 끈으로 묶여
시간의 버스에 올라
낭만 속으로 달려가는 여행 같은 것

행복이란 그런 거야
언제까지나 오래오래 남아
같은 시간을 소유하며
같은 추억 아래 기억이라는 가방을 가지고
향기 어린 봄날의 정원을 거니는 것

사람이란 그런 거야
어느 날 우연히 왔다가 사라지고
함께 있다가도 어느 순간 곁을 떠나는
하지만 마음속 어딘가에
그 사람의 향기가 나는 것

한 장의 사진으로 남아 있지만
오래도록 아름다운 추억으로 너를 묶는다

가을이 오는 소리

계절에도 철마다 소리가 다르다
뜨거운 태양을 지휘자 삼아
목놓아 울어대던 매미의 소리도
가을이 다가오면 잠잠해진다

아침저녁으로 들려오는
낮게 깔리는 귀뚜라미 소리
소슬바람처럼 내 귓가에 스칠 때
어느덧 산자락을 타고 불어오는 바람

가을은 소식은 전한다
어디론가 문득 떠나고 싶은 구름처럼
흘러 가는 대로 바람 부는 대로
까닭 없이 이유 없이 그렇게 지나간다

초록의 세상은 붉은색의 옷으로
카멜레온처럼 스스로 변화를 주도한다
낙엽이 지듯이 가을밤이 우는 이유는
그리움의 혼을 불러내듯
가을은 이별 후의 고통을 그리워하듯 쏟아낸다

별이 나에게 손짓하네

어린 시절 유독 별을 사랑한 소년
꿈을 그릴 때면 별은 찾아와 물감이 되어주고
소원을 구할 때면 별은 램프의 요정처럼
눈 깜짝할 사이에 멋진 황금빛으로 찾아와 주었다
어둠이 소년의 모든 것을 집어삼킬 때면
별은 다가와 사다리를 타고 올라가 등을 밝혀준다
깊은 밤 어두운 산등성이 지날 때면
별은 찾아와 내 어깨를 토닥여주며
하늘에 반짝거림으로 기쁨이 되어준다
홀로 외로움에 지칠 때면
변함없는 환한 웃음으로 다가와
우정으로 남아주던 유일한 나의 친구별
별을 쫓아갔던 그 시절이 기억난다
그래서인지 그 소년은 지금도 별을 사랑한다
삶이란 한 소절의 노래 가사 말처럼 기억으로 남아주길
별을 노래하는 마음으로 살아간다네

오래된 기억을 찾아

물결을 따라
노을을 따라
아지랑이 들길을 지나
날 위해 서면 어느 곳이든
먼 곳까지 태워주시던
아버지의 자전거

태연한 척
앞에 선 강한 척
깊은 한숨 쉬시던
쓸쓸한 뒷모습 뒤엔
끝까지 지켜주지 못한
미안함의 파도만 거칠다

아름다웠던
행복했었던
짧지만 오래된 기억을 찾아
당신을 닮은 아버지로
당신의 꿈을 키웠던 시절
그 자리에 서 있는 나

보고 싶어서
꼭 듣고 싶어서
한 번쯤 찾아오실 것 같아
꿈에서라도
눈물로 새기던 당신의 이름 아버지

걷고 싶다

걷고 싶다
고요한 아침 산책길
언덕 넘어 햇살은 살며시 고갤 내미네
새벽부터 당신을 기다렸노라고

닮고 싶다
형상을 닮은 그림자
그대 떠나는 길목마다 드리워진 사랑 되어
하나하나 닮아가는 연리지 나무처럼 닮겠노라고

웃고 싶다
봄 여름 가을 겨울 계절의 변함없는 미소
언제나 변함없이 희망의 태양은 떠올라
그대 지친 어깨에 항상 매달려 살겠노라고

심고 싶다
보람된 인생의 의미와 가치
누군가에게 거울이 되는 삶의 안내자
오늘도 세상의 화단에 꿈을 심어보겠노라고

누군가 내 맘을

누군가 내 맘을 노크하네 톡톡톡
아침 창가에 다가와 속삭이는 빗소리처럼
누군가 내 맘을 자유롭게 하네 훨훨훨
친밀하게 다가와 어깨를 감싸주는 바람처럼

내 맘의 새로운 세상이 열리네 슉슉슉
비행기를 타고서 하늘을 나는 것처럼
내 맘의 아름다운 풍경이 그려지네 슥슥슥
빨주노초파남보 무지개 그림처럼

진한 사랑의 냄새가 진동하네 톡톡톡
먹을수록 더욱 달콤한 팝콘처럼
초침과 분침이 지나며 속삭이네 샤샤샤
길게 늘어진 오후의 시간 그림자처럼

내 맘의 댄스 내 발을 움직이네 퐁퐁퐁
기쁨의 꽃을 찾아 춤추는 나비처럼
내 맘의 행복의 사운드 울리네 뽕뽕뽕
너도나도 뽐어대는 우정의 향기처럼

12월의 기적

땅거미 지는 깊은 밤
침묵하는 달이 내게로 온다
날이 가고 달이 가도
언제나 그 자리에 머무는 기억
어제, 오늘 그리고 내일
시간이라는 배에 같이 오른다
멈출 수 없는 길고 긴 여행
바람이 친구가 되어 나를 이끄네
보이지 않고 들리지 않던 것
잠잠히 머무르면서 내게 말을 한다
끝자락에선 12월의 기적
벼랑 끝이지만 또 다른 시작이다

그리움의 무게

빛겨진 흔적 위로
쏟아지는 무게가 있다
삶의 테두리를 온통 두른다 해도
작은 햇살이 비쳐오는 틈 사이로
그리움이 파고 들어오네

잊고 살아간다고 한들
지우고 살아간다 한들
흔적만큼은 지울 수 없다는 것
어깨를 짓누르는 강한 중력은
모든 것을 뒤바꿔버린다

이별, 비에 잠기다

둘이 걷던 이 길을 혼자 걷는다
너를 꼭 잡던 두 손 나를 뿌리친 채
떠나가는 널 이젠 놓아준다

끝난 것일까 슬픈 이별
너의 기억이 묻어 있는 거리
아쉬운 꿈마저도 나의 기억에 남는다

이별 후의 귀로
떠나지 않으면 안 될 것 같아
이별은 재촉하는 비가 되어 내리네

해변의 거친 모래처럼
쓸려 내려가 버린 시간
두 번 다시 돌아오질 못할 바다로 향한다

거리에 남아 있는 가을의 흔적
그대 마음 자락 붙잡아 두려 하지만
새까맣게 타버린 붉은 재처럼 모든 것은 사라진다

다정한 바람이 외로이 날리는 날
이별을 슬퍼하는 내 눈물은
비가 되어 그대 가슴을 적신다

인생의 지우개가 있다면

지울 수만 있다면
아픈 추억 슬픈 추억들 모두 지우고 싶다

지울 수만 있다면
상처 주고 상처받던 시간들 모두 사라지게 하고 싶다

지울 수만 있다면
용기 내지 못한 아쉬움들 모두 다시 돌리고 싶다

지울 수만 있다면
단 한 번뿐인 기회마저
놓쳐버린 그 시간 속으로 돌아가고 싶다

아쉽지만 인생의 지우개는 없다
살아왔던 그대로 기록되는 인생

잘 살면 잘 산대로 못 살면 못 산대로

겨울, 나를 흔든다

내 날개 밑으로 부는
하얀 바람의 숨결
피부에 닿는 그 순간
계절의 경계선 뚜렷해진다

떨어지는 하얀 눈
겨울 소식을 보내온다
햇빛도 숨어버린 하늘
드리운 그림자 모습을 나타낸다

우리 사이에 바람이 있다
내가 바람에 흔들리는 이유
겨울은 나를 흔들고
나는 겨울을 흔든다

사랑은 예보 없는 눈처럼

사랑은 일기예보처럼
예측 가능이 불가능한 일

사랑은 높은 하늘에서 내려오는
하얀 눈꽃 바람

첫눈이 내리면
마음속에서 피어오르는 향기처럼

누군가를 간절히 보고픈
내게 웃음을 주는 사랑은 미소다

어떤 날 사랑은 고기압
어떤 날 사랑은 저기압

어떤 날은 비가 내리고
어떤 날은 진눈깨비 내리네

변덕스러워 보이는 사랑이지만
사랑은 예보 없는 눈처럼 온다

몽환의 상상

달빛의 키스
마법의 숲속을 달리는
북극 오로라 몽환의 아름다움
어두운 밤하늘
하얗게 비추는 조명

거대한 빛의 파도
지구가 태양을 일곱 번 돌아
시간의 급류를 타고
건너야만 하는 영원의 횡단보도
힘찬 물살도 비껴간다

악몽 같은 아픔
강한 급류를 건너고
삶의 애환은 북풍을 견디고
외로운 고독과 싸움을 끝낸 채
시련을 이겨내는 승리

초승달 오감
쏟아지는 별빛
세상의 모든 것을 담아

지구의 초상을 그리는 화가
그 위를 달리는 하얀 곰 한마리

행복한 사람

별을 따라 길을 나선 작은 소년
한 번도 가보지 않은 길
가슴 벅차오르는 설렘과 기대를 안고 떠난다

푸른 밤하늘 은하수를 건너
낯선 섬에 떨어진 이슬로 방울방울 맺혔네
아름다운 두 눈을 가진 당신은 행복한 사람

바람이 다니는 길을 따라 날갯짓을 하는 소년
세차게 불어오는 바람이 온몸을 휘감을 때면
자유로운 영혼이 되어 날아오른다

무지개가 쏟아지는 구름 저편 뒤로
소나기를 맞으며 홀로 선 등대의 모습
계절이 바뀌어도 운명처럼 남아 있네

숨 가쁘게 걸어왔던 그 길
세상은 자꾸만 변해가도 변하지 않는 당신
그 자리에 꿈꾸는 소년으로 서 있네
당신 때문에 행복을 노래하는 사람들
당신은 진정 행복한 사람

노란 봄의 사랑

낮게 드리웠던 구름이 걷히고
밝게 빛나던 햇살이 비치는 봄날
내 마음에도 노란 사랑이 피어나듯
해안을 따라 바람이 불어온다

노란 꽃망울의 복수초가 피고
가는 길목 지천에 깔린 산수유
꽃도 알싸하니 향기가 좋은 생강나무 꽃
희망을 노래하는 듯 정원에 만개한 영춘화
올곧게 자라 하늘 사다리를 수놓는 만리화

노란 봄은 내 카메라가 가장 바쁘게 움직이는 계절이다

봄의 사랑도 짙어간다
향기가 짙어간다
사랑이 짙어간다

봄의 향기가 난다

봄이 오는 길에는 향기가 납니다

추적추적 내리는 빗줄기에도

부드럽게 불어오는 바람결에도

길고 긴 겨울의 기지개를 펴는 꽃들에게서도

봄은 향기를 품어냅니다

꿈꾸는 시인이 바람과 함께 추는 춤

강대선(시인)

시(詩)는 눈에 그려지는 이미지가 중요한 위치를 점유한다. 이러한 이미지는 공간과 시간 속에서 세워지기도 하고 시어 속에서 새로이 창조되기도 한다. 유봉기 시인의 시는 전반적으로 사랑과 그리움들이 부드러운 운율을 타면서 독자들에게 전달되고 있다. 오랜 기간 CCM 음악사역자로 그리고 목회자로서 그가 걸어왔던 시간들이 스며들어와 이제는 자연스럽게 배어나오게 된 것은 아니었을까. 그의 시를 읽고 있으면 마음이 편안해지고 위로를 받게 된다. 그의 시가 궁극적으로 도달하고 싶었던 곳은 이러한 위로의 지점이라는 생각이 들었다. 그러면 시인이 말하는 이러한 사랑은 어디에서 출발하고 있는 것일까. 그의 음악을 들어보자.

사랑은 눈썰매를 타고
이 땅 위에 하얀 눈송이로 내려와
사람들에게 평화로 다가온다

사랑은 높은 계곡을 타고

이 땅 위에 바람으로 내려와
사람들에게 시원함으로 다가온다

사랑은 하늘의 구름을 타고
이 땅 위에 푸른 물결로 내려와
사람들에게 바다로 다가온다

사랑은 인간의 이성을 넘어
이 땅 위에 신비로움으로 내려와
사람들에게 기적으로 다가온다

사랑은 은하수 오토바이를 타고
이 땅 위에 별빛 정원으로 내려와
사람들에게 친구로 다가온다
—「사랑 내려온다」 전문

사랑은 위에서 아래로 내려오는 것으로 표현되어 있다. 내리사랑이라고 하듯 부모에게서 자식들에게 내려오는 그 사랑은 "눈송이로", "바람으로", "푸른 물결"로 도달하게 되는 것이다. 그런데 이러한 사랑이 한 단계 더 깊은 곳에 이르게 되는 지점이 있는데 이곳이 바로 "신비로움으로"이다. 우리가 당연하다고 생각하고 있는 이러한 사랑은 실제로는 신비로움 그 자체이며 그 신비로움은 시인에게는 "기적"으로 인식되고 있는 것이다. 사실 우리가 이 지구에 숨을 쉬고 살아간다는 자체가 우주를 놓고 본다면 기적 중의 기적이 아니던가. 너무 흔하고 너무 쉬워서 우리가 놓치고 있는 이런 사랑은 생명의 관점에서 본다면 기적인 것이다. 이러한 기적을 통해, 기적을 인식하고 맛보고 체험한 시인은 다른 이들에게 "친구"가 되어 주려고 한다. 사랑의 전파자로서 신비로운 사랑을 다른 이들에게 나눠주는 친구가 되려는 것이다. 이것이 유봉기 시인이 시를 쓰는 이유가 될 것이며 그의 시가 가지고 있는 의미일 것이다.

그럼 그의 시가 이러한 "기적"을 맛본 후 어떻게 사람들에게 확장되어 가는지 몇 편의 시를 통해 그 길을 들여다보자.

길
하나가 아닌
수없이 지나쳐 온
꼬불꼬불 길을 지나

햇살도
소나기도
인생도 그 길을 지난다

그리움 따라
풍경도 만나고
추억을 따라
사람을 만난다

무엇이 그토록
내 발걸음을 이끄는지
나는 매일
마음의 길을 걷는다
–「길」 전문

시인에게 있어 사랑은 "그리움"이고 "추억"으로 변주된다. 그리움과 추억 속에 사랑이 스며들어 있기 때문일 것이다. 그러니 시인은 "매일 마음의 길"을 걷는다. 마음이 이끄는 대로 자신의 길을 걸어가고 있는 것이다. 시인에게는 사랑의 신비로움이 "발걸음을 이끄는" 대로 걸어가고 있는 것이다. 그래서 시인은 "처음 당신이/ 나에게만 불러주었던/ 세상에 하나밖에 없던 선율"(「선율」)로 노래하고 "나의 하루 나지막한 어깨너머로/ 내일의 태양이 다시 떠오르네/꿈에라도 잊지못할 희망의 선율/ 오늘은 내게 손짓하네 친구로 말야"(「지난 날」)며 사랑의 선율을 이어나가고 있는 것이다.

그러면 시인이 만나는 사람들은 누구였을까. 이러한 사랑의 신비로움과 기적으로 만나는 사람들은 어떤 모습으로 시인에게 다가왔을까. 다음 시를 읽어보자.

가면 속에서 나오지 않는다

울고 있는지
웃고 있는지
아무도 모르게 숨기고 있지만

너의 한숨 소리가 내 귀에 들려온다
머물 곳 없고
헤어 나올 수 없는 사각의 링 속에 갇혀
아무도 믿지 않는 너의 두려움에 빠져든다

벗겨 주고 싶다
어설픈 연기로 세상을 속이는
가면을 벗겨 주고 싶다

네 안의 너를 끄집어내고 싶다
—「가면」 전문

하지만 시인이 만나는 사람들은 시인의 사랑 앞에 순전하고 맑은 모습으로 나타나지 않는다. "가면 속에서" 살아가고 있기 때문이다. 그들의 "한숨 소리가" 들려오고 있고 "헤어날 수 없는 사각의 링 속에 갇혀" 방황하고 있는 것이다. 그것은 근간은 무엇일까? 바로 그들을 지배하고 있는 "두려움"이다. 이 두려움에 빠진, 가면을 "벗겨 주고 싶"은 것이 바로 시인의 바람인 것이다. "어설픈 연기로 세상을 속이는/ 가면"의 얼굴을 사랑으로 벗겨 주고 싶다. 시인은 이 세상이 순수하지 않다는 것을 잘 알고 있는 것이다. "네 안에 너"인 가면, 즉 위선과 두려움으로 가득 찬 사람들에게 시인이 지니고 있는 것은 사랑의 기적밖에는 없어 보인다.

알지 못한 육체의 질병

알고 있지만 어쩔 수 없는 병
이제는 너무 커져 버려 손댈 수 없는 병

역사의 뒤안길, 짙은 그림자
외딴섬에 갇힌 가슴 앓는 벙어리
그렇게 가슴 아픈 소금의 눈물을 삼킨다

아무 이유 없이 아무 잘못 없이
그저 남들과 다르다는 이유 하나로
세상과 분리되어 버린 채 외딴섬에 갇힌다

처음엔 알지 못한 채 두려웠지만
알고 있어도 어쩔 수 없는 안타까움
이제는 썩어가는 나의 몸을 지켜볼 뿐이다

사람들의 질시와 따가운 눈총
처음부터 그들과 다를 게 없었던 모습
하지만 곁에 있는 동무가 위로의 손길 되어준다
-「몰라 3년, 알아 3년, 썩어 3년」 전문

가면의 사회를 바라보는 시인의 마음은 어떻게 멍들어 가고 있을까. "육체적 질병"과 "어쩔 수 없는 병", "손댈 수 없는 병"들로 사람들은 시름하고 있다. 이런 사람들을 바라보며 시인은 "외딴섬에 갇힌 가슴 앓는 벙어리"가 된 심정이었을까. 시인의 고뇌와 슬픔을 엿볼 수 있는 부분이다. 시인은 "가슴 아픈 소금의 눈물을 삼킨다"라고 표현

한다. 지켜본다는 것의 아픔이 그런 것일까. 사랑의 기적을 맛보지 못한 사람들을 향한, 가면 속의 그들을 향한 시인의 애틋한 연민의 모습을 볼 수 있다. 그리고 시인은 그들과 함께 살아가면서 자신마저 "썩어가는" 것을 지켜본다. 어느새 자신도 모르게 가면을 쓰게 된 것일까. "사람들의 질시와 따가운 눈총"에 시달리고 "처음부터 그들과 다를 게 없었"다고 자책한다. 그 모든 것이 절망이 되어갈 때 시인에게 손을 내미는 사람들이 있다. 그 사람들은 누구인가. 바로 시인의 곁을 지키는 "동무"일 것이다. 이 "손길"은 다시 사랑으로 변주된다. 시인은 "더 많이 사랑할수록/ 마음에 상처가 커져간다는 것도"(「선인장」) 깨닫게 되고 "혼자 있는 사람도/ 같이 있는 사람도/ 모두 외로움을 통해 배워간다"(「외로움도 나의 벗」)를 통해 외로움 또한 자신의 것으로 승화시킨다. 그리고 시인이 마침내 길어 올리고 있는 것은 무엇일까?

한 방울 두 방울
떨어지는 너의 눈물
하늘은 너를 사랑해서 눈물을 흘린다

너무도 태연한 척
아무렇지도 않은 듯
가녀린 빗줄기에
내가 그린 그림은 지워져 가네

얼마나 더 남아 있을까

좀 더 기억하고 싶지만
점점 작아지는 그 이유
이별의 순간은 아플 수밖에 없다

가슴이 먹먹해지는 순간
내 눈물은 사랑을 타고 흐른다
–「창가에 기대어 하늘을 보네」 전문

시인은 "하늘이 너를 사랑해서 눈물을 흘리"는 모습을 바라본다. 다시 사랑을 회복하고 있는 것이다. "내가 그린 그림은 지워져 가"고 "이별의 순간은 아플 수밖에 없"지만 시인은 이 모든 것을 통해 다시 "먹먹"한 사랑을 회복하게 되는 것이다. 다시 사랑을 가지게 된 것이다. 다시 다른 이들을 위한 "눈물"을 가지게 된 것이다. 이러한 시인의 마음은 "절망의 순간에도 기적을 노래할 수 있는"(「리모컨」) 마음일 것이고 "피멍이 들어도/ 갈기갈기 찢긴 가슴에도/ 꽃이 진다고/ 세월이 진다고/ 기억은 결코 널 잊은 적 없다"(「꽃이 진다고 기억은 잊은 적이 없다」는 마음일 것이다.

가면의 사회에서 상처를 받은 시인이 다시 회복한 사랑, 그리고 시인은 이 회복된 사랑을 통해 우리에게 무엇을 이야기하고 싶은 것일까.

땅거미 지는 깊은 밤
침묵하는 달이 내게로 온다
날이 가고 달이 가도

언제나 그 자리에 머무는 기억
어제, 오늘 그리고 내일
시간이라는 배에 같이 오른다
멈출 수 없는 길고 긴 여행
바람이 친구가 되어 나를 이끄네
보이지 않고 들리지 않던 것
잠잠히 머무르면서 내게 말을 한다
끝자락에선 12월의 기적
벼랑 끝이지만 또 다른 시작이다
–「12월의 기적」 전문

"또 다른 시작"을 꿈꾸는 시인의 모습을 바라본다. "멈출 수 없는 길고 긴 여행"을 다시 시작하고 있는 것이고 그 길에 서서 "바람이 친구가 되어"주고 "내게 말을 하"는 누군가의 목소리와 동행하게 되는 것이다. 이러한 시작은 "아직도/ 인생을 잘 모른다/ 삶의 여행길/ 어떻게 펼쳐질지 어떻게 흘러갈지"(「여행」)를 통해서도 드러나고 "길고 긴 겨울의 기지개를 펴는 꽃들에게서도/ 봄은 향기를 품어냅니다"(「봄의 향기가 난다」) 통해서도 아름답게 표현되고 있다.

이제 시인이 만나게 되는 것은 무엇일까? 절망을 이겨낸 봄을 통해 시인은 마침내 마주하고 있는 것이 무엇인지 궁금하다. 그 궁금증의 실마리를 풀어주는 것이 바로 마침내 듣게 되는 신의 목소리일 것이다.

조그마한 숲

개울을 지나
솔 향기 그윽한
오솔길을 걷는다

눈 부신 태양 아래
햇살은 나를 감싸고
지나가는 바람 소리
귓가에 속삭인다

걷다가 지치면
잠시 쉬기도 하고
뛰다가 힘들면
그루터기에 앉아
세상을 품는다

말없이 나를 품고
어디론가 나를 데려간다
조용히 말을 걸어오는 소리
–「오솔길」 전문

오솔길에서 시인의 "귓가에 속삭이"는 이는 누구일까. "말없이 나를 품고/ 어디론가 나를 데려가는"는 그는 누구일까. "조용히 말을 걸어오는" 소리를 시인은 듣는다.

먼발치에서
당신의 눈빛을 보았습니다

가까이 다가설 수 없었던
나의 발걸음을 뒤로하고
시간의 초침을 꼭 붙잡은 채
가만히 멈추어 섭니다

그저 저 멀리 계시는 당신을 향해
나의 눈빛은 끊임없이 바라볼 뿐입니다

먼발치에서
당신의 마음을 보았습니다

애타게 기다리던
간절한 그리움의 눈망울
먼 하늘을 향해 약속한 눈물만 흐를 뿐
약속할 수 없는 이별의 아쉬움은
잠시뿐일 거라는 기대를 낳게 합니다

세월의 거품 모두 사라지면
비로소 당신의 마음을 향해 가는 길이 열리겠지요

이 밤이 지나면
몹시도 그리워하던
당신의 아침은 밝아오겠죠
아쉽지만 먼발치에서 당신을 보고 돌아옵니다
–「먼발치에서」 전문

그리고 마침내 시인은 "먼발치"에서 "당신의 눈빛"을 바라보게 된다. 시인을 "가만히 멈추어 서게 한" 그분은 시인이 처음에 경험했던 사랑이자 기적인 그분이다. "애타게 기다리던/ 간절한 그리움의 눈망울"이 곧 시인의 마음일 것이다. 하지만 아직 온전히 그분을 만날 수는 없다. 시인은 신의 세계가 아닌 인간의 세계에 살고 있기 때문이다. 하지만 "이별의 아쉬움은/ 잠시뿐일 거라는" 인식에 도달하게 되는 것이다. 새로운 희망의 길 "세월의 거품이 사라지면" 시인은 "비로소 당신의 마음을 향해 가는 길"을 발견할 것이다. 그러니 시인의 '먼 발치'는 신에게 도달할 희망이 되어 있는 것이다. "열정을 지나 사랑의 결실을 맺고/ 성실을 지나 인생의 고독의 친구를 벗 삼아/ 마지막 감사의 계절의 코스를 완주할 수 있도록" (「계절과 나누는 하루 얘기」) 스스로를 다독이고 있는 것이다.

이제 시인은 '꿈꾸는 소년'이다. "숨 가쁘게 걸어왔던 그 길/ 세상은 자꾸만 변해가도 변하지 않는 당신/ 그 자리에 꿈꾸는 소년으로 서 있네!"(「행복한 사람」)를 통해서도 알 수 있듯이 '변하지 않는 당신'을 경험하고 난 이후 새로운 꿈을 꾸게 된 것이다. 꿈꾸는 소년이 된 시인의 마음을 잠시 들여다보자.

바람이 불면
나무는 몸부림친다
오른쪽으로 춤을 추고
왼쪽으로 춤을 춘다

위로 한번
고개를 젖히고
큰 원을 그리며
두 팔을 벌려 기지개를 편다

그래도 나무가 꺾이지 않는 이유는
나무는 바람 앞에
순응할 줄 알기 때문이다

그냥 자연스럽게
바람이 원하는 방향대로
춤을 추면 되는데 말이다

사실 바람은 누군가를 꺾으려고
다가오는 것이 아니라
같이 춤을 추고 싶어서 찾아오는 것이다
—「바람과 함께 춤을」 전문

이제 시인이 가는 길은 '춤'으로 승화되고 있다. 처음엔 가면을 만나고 고통스러워했으나 '변하지 않은 당신'의 눈으로 들여다본다면 시인이 걸어가고 있는 길은 하나의 '춤'이라는 인식에 도달하고 있는 것이다. 사랑의 춤판을 벌이는 시인은 흥에 겨워 보인다. "그냥 자연스럽게/ 바람이 원하는 방향대로" 춤을 추게 된 것이다. 그리고 그 속에 숨은 진실 하나를 말해준다. 그 바람은, 그 사랑은, 그 그리움은, 그 추억은 "누군가를 꺾으려고"하는 것이 아니라

“같이 춤을 추고 싶”은 거라고 말해준다. 함께 사랑으로 어울려 살아가는 춤판. 아름다운 봄 향기가 진동하고 있는 것이다.

지금까지 글을 통해 시인의 시가 웅장하고 아름다운 한 곡의 오페라 같다는 생각을 하게 된다. 사랑과 이별과 절망 그리고 회복. 이 모든 것을 통해 다시 얻게 되는 새로운 삶의 모습을 보여주고 있기 때문이다. 꿈꾸는 시인의 아름다운 연주 소리를 앞으로도 계속 들을 수 있을 것 같아 독자의 한 사람인 나도 행복하다. 자, 꿈꾸는 시인과 함께 춤을 춰보지 않으실래요.